Mes moments ah-ah !

Inspirations puisées au Why Café

Catalogage avant publication de Bibliothèque et Archives nationales du Québec et Bibliothèque et Archives Canada

Strelecky, John P.

    [Ahas! Inspiration from the Why Café. Français]

    Mes moments ah-ah! : inspirations puisées au Why Café

    Traduction de : Ahas! Inspiration from the Why Café.

    ISBN 978-2-89436-584-7

    1. Vie - Philosophie. 2. Morale pratique. I. Titre. II. Titre : Ahas! Inspiration from the Why Café. Français.

BD435.S77414 2014   128   C2014-942139-7

Nous reconnaissons l'aide financière du gouvernement du Canada par l'entremise du Fonds du livre du Canada (FLC) pour nos activités d'édition.

Nous remercions la Société de développement des entreprises culturelles du Québec (SODEC) pour son appui à notre programme de publication.

Gouvernement du Québec – Programme de crédit d'impôt pour l'édition de livres – Gestion SODEC.

© 2014 par John P. Strelecky. Publié originalement par Aspen Light Publishing sous le titre *Ahas! Inspiration from the Why Café.*

Traduction : Alain Williamson
Infographie de la couverture et mise en pages : Marjorie Patry
Correction d'épreuves : Michèle Blais

Éditeur : Les Éditions Le Dauphin Blanc inc.
        Complexe Lebourgneuf, bureau 125
        825, boulevard Lebourgneuf
        Québec (Québec) G2J 0B9 CANADA
        Tél. : 418 845-4045   Téléc. : 418 845-1933
        Courriel : info@dauphinblanc.com
        Site Web : www.dauphinblanc.com

ISBN version papier : 978-2-89436-584-7

Dépôt légal : 4e trimestre 2014
           Bibliothèque nationale du Québec
           Bibliothèque et Archives Canada

Données de catalogage disponibles auprès de Bibliothèque et Archives nationales du Québec.

Imprimé au Canada

Limites de responsabilité

L'auteur, le traducteur et la maison d'édition ne revendiquent ni ne garantissent l'exactitude, le caractère applicable et approprié ou l'exhaustivité du contenu de ce programme. Ils déclinent toute responsabilité, expresse ou implicite, quelle qu'elle soit.

John P. Strelecky

Auteur du best-seller *Le Why Café*

Mes moments ah-ah !

Inspirations puisées au Why Café

Traduit de l'anglais
par Alain Williamson

Le Dauphin Blanc

Autres titres de l'auteur
aux Éditions Le Dauphin Blanc

Le Why Café, 2009

Le Safari de la vie, 2010

Les 5 Grands Rêves de Vie, 2011

Riche et Heureux, 2011 (écrit avec la collaboration de Tim Brownson)

Le Retour au Why Café, 2014

Message de l'auteur

Dans mon livre, *Le Retour au Why Café*, j'ai introduit le concept d'un carnet dans lequel j'inscris mes moments ah-ah. L'idée était d'en faire un recueil de tous les moments inspirants vécus au quotidien, un recueil de ce que j'ai appris sur la vie ou sur moi-même. Bref, des idées, des concepts, des prises de conscience ou des inspirations géniales... Tout ce qui avait constitué des moments ah-ah pour moi.

C'est ce livre que vous tenez actuellement entre vos mains. La plupart des textes font moins d'une page, quelques-uns sont un peu plus longs, mais chacun possède une énergie qui lui est propre.

Je ne crois pas que ces moments ah-ah soient uniquement les miens. Bien que nous suivions, chacun de nous, notre propre chemin dans la vie, plus j'observe l'expérience humaine, plus je constate des aspects communs à tous les chemins.

Au final, je souhaite que les quelques notes regroupées dans ce recueil vous aident dans votre vie, autant qu'elles m'ont aidé dans ma propre vie.

Ce livre fonctionne mieux si on le lit d'une façon aléatoire. Un jour quelconque, à un moment quelconque, vous l'ouvrez à une page quelconque, sans choisir. En lisant cette page, vous aurez probablement la pensée suivante : « C'est exactement ce dont j'avais besoin aujourd'hui ! »

Je ne suis pas capable de vous expliquer en détail ce phénomène. Est-ce le livre qui agit... ou votre esprit... ou l'Univers... Je sais simplement, par expérience, que ça fonctionne. Appréciez-le !

John

PS : Tout en lisant ce recueil, il est fort possible que des moments ah-ah qui vous sont personnels jaillissent de votre esprit. Je vous encourage à les noter et ainsi augmenter votre source d'inspirations.

Ma réaction dans les périodes difficiles ou lorsque j'ai vraiment peur dévoile ma vraie personnalité. Se comporter de façon parfaite est facile lorsqu'il n'y a pas d'adversité.

Il n'y a pas beaucoup d'oranges dans un panier de bleuets.

Lorsque je m'accorde le droit d'être à la bonne place, au bon moment, avec les bonnes personnes, j'augmente considérablement mes chances de vivre la vie que je veux vraiment vivre.

Je dois cesser de m'attarder aux paniers de bleuets si ce que je veux vraiment est une orange.

Même la plus petite parcelle de lumière élimine la noirceur oppressante.

M'accorder la liberté de faire ce que j'aime, ne serait-ce que pendant quelques minutes, transforme l'énergie de toute la journée. Lorsque je joue l'une de mes chansons préférées, que je parle à l'un de mes amis, que je lis un chapitre d'un livre que j'adore, tout change.

Je me souviens que, dans mes jeunes années, alors que je n'avais pas tellement confiance en moi, j'enviais la réussite des autres. Je pense aujourd'hui que cette attitude a longtemps écarté le succès de ma route.

La vérité, c'est que l'envie est une émotion inutile. On doit célébrer le succès d'autrui, car il démontre qu'il est possible de réussir, tant pour les autres que pour soi.

Ceux qui ont réussi ont en fait défriché une voie dans la jungle. Si je veux connaître le même succès, je n'ai qu'à suivre cette voie. Ce sera toujours plus facile que d'être le premier à tracer le chemin.

Toute colère est une manifestation de la peur.

Je roule en voiture. Une auto surgit de nulle part et entre presqu'en collision avec mon véhicule. Je donne un coup de volant vers la gauche en appuyant sur les freins afin d'éviter l'impact. Je deviens furieux. Comment ce conducteur peut-il être aussi stupide ? Pourquoi ne fait-il pas plus attention ? Quel idiot ! Probablement qu'il textait tout en conduisant ! Comment peut-il être aussi insouciant ?

Le temps que ces pensées me traversent l'esprit, l'autre véhicule est déjà loin devant.

Je suis en sécurité. Il n'y a pas eu d'impact. Tout est terminé. Pourtant, je suis toujours en colère. Pourquoi ?

La vérité, c'est que je ne suis pas furieux parce que l'autre conducteur a failli provoquer une collision. J'ai peur ! J'ai peur car, financièrement,

j'ai connu une mauvaise période dernièrement.
Je ne suis pas sûr de pouvoir faire réparer mon
auto si elle devait être endommagée sérieusement.
Je ne pourrais plus alors l'utiliser. Si je n'ai
pas d'auto, je risque de perdre mon emploi. Si je
perds mon emploi, je ne pourrai plus payer mon
loyer et on me jettera à la rue. Si je n'ai plus
d'auto, plus d'emploi et plus d'appartement, je
vais finir seul, affamé et sans abri, à coucher
sous un pont.

Je ne suis pas en colère parce qu'un conducteur
a failli provoquer une collision. J'ai peur parce
que je ne veux pas être seul, affamé et sans abri,
à dormir sous un pont.

Pourtant, tout cela n'arrivera sans doute
jamais, même si j'avais eu une collision.

Lorsque je sens la colère monter en moi, peu importe la raison, je me demande : « De quoi ai-je peur en ce moment ? » J'accueille chaque réponse qui monte en moi jusqu'à ce que j'aie le sentiment d'avoir trouvé la vraie. Dans presque tous les cas, ce sera un scénario hautement improbable.

Ce que je découvre en me posant cette question et en observant toutes les réponses remet les choses en perspective et me libère de la colère.

*L*e succès immédiat arrive après trois ans
d'efforts et d'engagement.

Il me semble que les gens abandonnent de plus en plus rapidement leurs rêves. Ils ont une bonne idée ou entendent parler d'une carrière qui les intéresserait ou encore s'informent sur un endroit fascinant du monde qu'ils aimeraient bien visiter. Lorsqu'un jour, une semaine ou un mois passe sans que rien ne se soit concrétisé, ils commencent à penser que ça n'arrivera jamais.

Plus je rencontre de gens qui ont réalisé des choses intéressantes, créé des compagnies florissantes ou visité des endroits merveilleux, plus je constate une tendance : très souvent, il leur a fallu du temps et des efforts acharnés.

C'est comme si l'Univers, ou Dieu, ou une quelconque force dirigeait le processus et nous observait pour s'assurer de notre engagement avant de commencer à nous aider.

Une fois que nous nous impliquons sérieusement et fournissons les efforts requis, les choses se concrétisent beaucoup plus rapidement.
C'est comme si, avant cet engagement, l'énergie ne savait pas où se diriger, et elle ne produisait rien.

Plus je passe du temps dans des activités qui enchantent mon cœur, moins je souhaite en passer dans celles qui l'ennuient.

La montagne semble toujours plus
haute vue d'en bas.

Il est temps de commencer à grimper.

Si je n'y porte pas attention, la plupart de mes perceptions de la « réalité » seront issues non de moi mais bien des actions d'un petit groupe de manipulateurs de perceptions.

Pour chaque « super modèle » féminin, il y a mille autres femmes tout aussi belles. Mais quelqu'un a décidé d'étiqueter ces super modèles comme étant les plus belles ou les plus sexy. Si je dois accepter des étiquettes, au moins, que ce soit les miennes.

J'ai toujours suivi les règles. Je réalise aujourd'hui que ce n'est pas très brillant. Au lieu de suivre toutes les règles que d'autres gens ont instaurées, il est préférable de suivre celles que je considère justes et équitables.

La vérité est que les instigateurs des règles sont souvent ceux qui ne les suivent pas, particulièrement si ça concerne leurs propres intérêts. Ils sont pourtant les premiers à répéter aux autres qu'ils doivent suivre les règles.

Je n'arrive pas à croire qu'il m'a fallu presque trois décennies pour m'en rendre compte.

Ça ne veut pas dire que je doive briser les règles simplement pour le plaisir de le faire. Ce serait stupide et inutile, et ça me créerait possiblement des problèmes tout aussi stupides et inutiles.

Ça signifie plutôt que je dois questionner les
règles et prendre mes propres décisions ensuite.

Je vis la vie que je suis prêt à accepter.
Ou bien je ne fais l'effort de considérer
d'autres options, ou bien je ne pose aucun
geste pour concrétiser ces options.

Ou peut-être ai-je déjà trouvé mon nirvana !

Trouver un sens à ce qui, de toute évidence, ne semble pas en avoir, est l'une des plus formidables aventures pour un être humain. Personnellement, ça me stimule, ça me met au défi. Parfois, ça me garde éveillé la nuit.

Pourquoi suis-je ici ?

Comment fonctionne le jeu de la vie ?

Quel en est le but ?

À travers les réponses que je trouve à ces questions, une nouvelle et étonnante perspective s'ouvre à moi.

Ne cessez jamais de complimenter votre enfant. C'est aussi important à 6 ans, 16 ans ou 26 ans que ce ne l'était alors qu'il avait 6 mois.

C'est tout aussi vrai pour tout le monde dans la vie.

Aujourd'hui, je choisis d'être heureux.

Effectuer ce choix semble faire toute la différence.

On atteint un authentique savoir lorsque la force de notre croyance n'oscille pas selon le pourcentage de gens y adhérant.

Cet éveil de conscience m'est venu lorsqu'un jour je fus abordé par un individu visiblement trop zélé. Bien qu'il semblât très engagé envers ses croyances, je pense qu'en définitive il ne faisait que s'y agripper. Dès qu'il réalisa que mes croyances étaient différentes, il entra dans une grande agitation et ne cessa d'essayer de me convaincre d'endosser les siennes.

Il s'énerva encore plus lorsqu'il constata que je n'adhérais pas aussi facilement à ses croyances. La présence de convictions alternatives le questionnait profondément sur les siennes, au moins à un niveau inconscient.

Je vais toujours me souvenir de ce type. Il me rappelle d'apprécier, et non de craindre, les occasions de remettre en question mes croyances. Cela me permet de les sculpter, les structurer et les raffiner jusqu'à ce qu'elles deviennent un savoir, une certitude. Et tout cela me fait grandir.

Le plus grand obstacle à ma croissance personnelle et à mon bonheur est le refus d'accepter la responsabilité de ce qu'il y a dans ma vie. Si je n'aime pas un aspect de ma vie, alors je le change, et je le change jusqu'à ce que je l'aime.

Je commence à voir différemment les gens lorsque je mets mes « lunettes de bière », après avoir consommé un peu trop d'alcool. Mes impressions sur les gens sont alors presque toujours fausses.

Je vois aussi les gens différemment lorsque je mets mes « lunettes de l'esprit », lorsque je cesse de les juger, de les étiqueter selon leurs vêtements, leur voiture, leur position dans la société ou leur apparence. Je les vois plutôt pour ce qu'ils sont réellement à l'intérieur.

Avec les « lunettes de l'esprit », mes impressions sont vraies. Parfois, pour la toute première fois !

Plus je passe de temps à faire ce que j'aime, moins la vie me semble futile.

L'inverse est aussi vrai.

Après une analyse approfondie, il semble y avoir deux options pour expliquer ma vie.

La première : mes parents ont fait l'amour et je suis né neuf mois plus tard. Selon les statistiques, ma vie durera approximativement 29 500 jours. Peut-être plus si je suis chanceux, peut-être moins cependant. En moyenne, la vie dure 29 500 jours. Puis, je mourrai. Il n'y a rien après. Il n'y avait rien avant. Voilà.

La seconde : j'existais avant de venir au monde. J'étais un esprit, une énergie... quelque chose, peu importe. Lorsque je mourrai, je retournerai à cet état avant ma naissance... Un esprit, une énergie... quelque chose, peu importe. Ma vie ne débute pas avec le premier des 29 500 jours de mon existence et ne se termine pas avec le dernier. L'espace entre ce premier et dernier jour n'est qu'un bref arrêt de l'âme, curieuse de connaître à quoi ressemble l'expérience humaine.

Peu importe laquelle de ces options est vraie, je dois apprécier la vie et cesser de m'en faire autant.

Je ne peux contrôler la façon dont les autres agissent autour de moi et envers moi. Je peux toutefois contrôler ma propre réaction. La décision de rester ou de m'éloigner m'appartient. Que je me sente attaqué personnellement ou non dépend aussi de moi. Que j'accepte leur amour et leur en donne en retour est aussi de mon ressort.

Pour vivre une deuxième grande aventure, il faut avoir risqué un pas vers une première aventure. Souvent, ce pas est accompli dans l'inconnu. Faites-le quand même. Il en vaut la peine.

La façon dont j'accueille les gens qui entrent dans mon environnement envoie instantanément un message sur mes sentiments envers eux. Est-ce que je leur accorde mon attention ? Toute mon attention ? Est-ce que je leur souris ? Est-ce que je me lève et les étreint ?

Ou est-ce que je suis si occupé au téléphone, ou à l'ordinateur, ou à lire un magazine, ou à regarder la télévision, que je remarque à peine leur présence ?

Tout cela envoie un message.

Quels sont les messages que j'envoie aux autres ?

Je suis important. Un sourire, une invention, un mot d'encouragement, un éclair de génie créatif, un acte de gentillesse, une étreinte… Mes actions peuvent changer une vie. Pour toujours. Ça arrive chaque jour et j'ai le pouvoir d'en faire partie.

Je ne suis pas important. Dans 100 ans, ma vie ne sera plus qu'un vague souvenir. Dans 1000 ans, ce sera comme si elle n'avait jamais existé. Les cimetières sont remplis de gens qui se croyaient indispensables et irremplaçables. Ils ont pourtant été remplacés. Il s'est avéré qu'ils n'étaient pas du tout indispensables dans le grand plan de la vie.

Quelque part entre ces deux réalités se trouve le point d'équilibre qui guide mes actions, qui m'inspire à vivre selon mon plein potentiel sans être consumé par un ego démesuré.

*R*appelle-toi de vivre dans le moment présent.

Il est facile de se laisser prendre dans le tourbillon consistant à faire des choses en fonction du futur. Travailler en vue d'une promotion ou d'un client potentiel, de projets importants, d'une plus grosse maison ou d'une auto plus luxueuse... Tout cela est bien, si c'est vraiment ce que je veux.

Un cours de danse peut être très amusant, même si je ne planifie pas devenir un professeur de danse. Tout comme pratiquer un sport, apprendre à cuisiner, lancer des feuilles pour le plaisir à l'automne, lire un livre, rire, et mille et une autres activités...

La vie est une succession de moments présents.
Si je regarde toujours au loin, je passe à côté
de la joie qui se trouve juste là, devant moi,
à ce moment précis. Si cela représente un
défi pour moi, alors je devrais passer plus de
temps auprès de jeunes enfants. Ils maîtrisent
cet art.

Plus je me juge moi-même, plus je porte des jugements sur les autres. Lorsque je me permets d'être moi, je permets aussi facilement aux autres d'être eux-mêmes.

« *S*i tu n'aimes pas tes cours le lundi matin, tu détesteras probablement ton emploi à tous les lundis matin da ta vie après ta graduation. Et ils seront tellement nombreux ! »

J'ai été interviewé, l'autre jour, lors d'un passage à une station de radio d'un collège. L'animateur m'a demandé de résumer en quelques phrases ma vision de la vie. Quelque chose de simple et concret pour les étudiants qui écoutaient l'émission.

La citation ci-haut est ce que je lui ai répondu. Je crois qu'elle a eu un impact. Si les étudiants doivent investir autant de temps, d'énergie et d'argent pour fréquenter le collège, aussi bien apprendre des choses qui les intéressent vraiment. Ils pourront alors se trouver un emploi qui les intéressera également.

J'ai clos l'interview en disant ceci : « Quelqu'un gagne actuellement sa vie dans votre emploi de rêve. Aussi bien que ce soit vous.» Cela ne s'applique pas seulement aux étudiants. Ça vaut pour chacun de nous.

Rame, rame, rame sur ton bateau, doucement, en suivant le courant. Gaiement, gaiement, gaiement, la vie n'est rien d'autre qu'un rêve.

Dans un moment de frustration et de mécontentement, je repense souvent à cette comptine. Quelle brillante et réconfortante sagesse !

Mon environnement n'est pas le seul facteur qui détermine qui je deviens. Toutefois, il est vrai que si je veux devenir un chef cuisinier, j'aurai plus de chances d'y parvenir si je commence à fréquenter les cuisines.

Des gens vivent déjà les aventures que je souhaite vivre, expérimentent ce que je veux expérimenter, apprennent ce que je veux apprendre.

Plus je passe de temps avec les gens vivant la vie que je désire vivre, meilleures sont mes chances de vivre cette vie à mon tour.

*L*orsque je cesse d'essayer de comprendre pourquoi les gens sont si perturbés et que je réalise que nous sommes tous différents, tout devient plus facile. Je peux passer du temps avec les gens différents de moi sans sentir le besoin de les juger ou d'être accepté.

*L*a devise du succès n'est pas l'argent, mais plutôt le temps gagné. Quel pourcentage de ma vie est consacré à faire ce que je veux, comme je le veux ? Voilà le vrai succès !

La clé pour avoir une meilleure relation amoureuse, plus d'amour et une vie sexuelle épanouie est plutôt simple. Je n'ai qu'à placer un léger filtre entre mes pensées et mes paroles.

Avant de parler, je me questionne. Est-ce une question appropriée pour une première rencontre ? Est-ce un commentaire approprié ou le bon ton de voix pour une première rencontre ?

Si la réponse est non, je m'ajuste.

Si je n'ai pas de plaisir, je ne fais pas la bonne chose.

Cela s'applique à peu près à tout dans la vie.

Les gens ne sont pas tous gentils. J'ai déjà cru que tout le monde était gentil au fond d'eux-mêmes. Peut-être est-ce vrai au niveau de l'âme... mais au niveau humain, les gens ne sont pas tous bons.

Cela ne signifie pas que je dois avoir peur ou m'inquiéter constamment de ce qui pourrait arriver puisque les gens ne sont pas tous gentils.

Ça signifie plutôt que si je côtoie des gens qui ne sont pas gentils, alors, sans regret, culpabilité ou autocondamnation, c'est correct de quitter ces gens et d'aller vers ceux qui sont gentils.

Si je dois laisser mon passé dicter mon futur, je dois au moins choisir les points positifs de mon passé.

C'est de nouveau arrivé aujourd'hui.

J'étais dans une période d'apitoiement personnel. Quelque chose n'allait pas. J'étais malheureux.

C'est alors que je l'ai aperçu. Le garçon devait avoir 6 ans. Il était dans un fauteuil roulant. Il n'avait pas de jambes.

En le voyant, je me suis souvenu à quel point j'étais comblé. Mes soucis n'étaient rien en comparaison de ses défis quotidiens. Il est un ange. Je me sens mal que son âme ait à jouer ce rôle pour me rappeler d'être reconnaissant pour ce que j'ai.

Je vais m'efforcer de vivre dans un état de conscience plus élevé.

Attendre d'être malade pour commencer à vivre une vie saine me semble une stratégie plutôt inefficace.

Lorsque je suis parmi les arbres gigantesques, j'ai le sentiment qu'une grande partie de l'expérience humaine n'est que sottise. Nous courons partout comme des fourmis, en nous croyant importants.

Les arbres sont les sentinelles silencieuses de la vérité. Ils savent qu'il y a un plan au-delà de tout cela, un grand but à l'existence.

Si j'arrête de me précipiter partout et que je commence à écouter, à être tout simplement, je commencerai alors à comprendre cette sagesse que les arbres possèdent.

Tout expert a commencé en ne sachant rien de sa spécialité.

Je ne laisserai pas ce que j'ignore m'éloigner de ce que je pourrais savoir. Je ne laisserai pas ce que je ne fais pas m'éloigner de ce que je pourrais faire.

Essayer de camoufler mon insatisfaction mène à plus d'insatisfaction. Longtemps, ma solution pour accepter de passer 50 heures par semaine à un emploi que je n'aimais pas a été de m'échapper chaque vendredi soir et me rendre directement à un 5 à 7. Trois vodkas plus tard, je ne me préoccupais plus tellement de ne pas aimer mon emploi. En fait, je ne me préoccupais plus de rien. Mais ce n'était pas une vraie solution. C'était une tentative pour dissimuler ma souffrance, et non pour m'en libérer. Et ça m'apportait d'autres problèmes, comme la gueule de bois et des courbatures toute la journée du samedi.

Lorsque je suis assez courageux pour me demander quelle est la source de mon inconfort ou de ma souffrance, et de chercher jusqu'à ce que la vraie réponse apparaisse, alors je me donne la chance de trouver une vraie solution.

Lorsque je suis assez courageux pour chercher des alternatives, celles qui m'apporteraient la joie, le contentement, la satisfaction, au lieu de la souffrance, alors je me donne la chance de vivre la vraie vie que je souhaite.

Tenter de camoufler ou cacher la souffrance n'est pas un acte courageux. C'est plutôt le contraire. C'est alors que je suis le plus lâche.

Plus j'essaie de nouvelles choses, moins j'ai peur de le faire.

Ma vision de mon monde est le reflet de ma façon de voir le reste du monde.

Me faire couper le chemin par un chauffard n'est plus aussi dramatique lorsque je sais qu'un milliard de personnes iront au lit le ventre creux cette nuit. Plusieurs d'entre eux sont des enfants.

Que le magasin soit en rupture de stock sur ce que je veux acheter n'a plus une si grande importance lorsque je sais que dans la plupart des pays du tiers monde, une famille entière gagnera moins d'argent en un mois que ce que je dépense en une seule journée.

Cela devient encore plus vrai après avoir été personnellement témoin de ces faits.

Pour qu'elles soient efficaces, j'ai toujours pensé que les choses devaient être compliquées. Je cherchais donc des solutions très complexes à mes problèmes, des méthodes alambiquées pour réaliser mes buts.

Cependant, elles étaient souvent si complexes qu'elles me rendaient confus et intimidé, et je ne m'en servais pas.

Il y a des solutions simples à la plupart des dilemmes. Et des méthodes simples pour accomplir la plupart des tâches de la vie. Il est nettement préférable que je les trouve et que je les applique.

*J*e suis étonné de constater à quel point ma créativité explose lorsque je passe du temps en nature. Une heure de marche en forêt ou à explorer des bassins dans l'océan, et je reviens avec plus d'idées et de solutions que si j'étais resté un mois assis à mon bureau.

Lorsque j'explore, j'adopte la mentalité d'un aventurier. Je défriche des voies, je rencontre l'inconnu, je fais des découvertes... C'est exactement ce dont se nourrit la créativité.

Plus je voyage et plus je m'aperçois que mon lieu de naissance est rarement le meilleur endroit pour moi où passer ma vie.

Ce lieu de naissance est un simple point sur la planète, offrant une culture et une ambiance particulières. Il y a des milliers d'autres lieux, ayant chacun leur culture et leur ambiance. Lorsque je m'ouvre à cette vision, je peux considérer d'autres options. Et si je suis suffisamment courageux, je peux faire de ces options ma réalité.

J'ai trouvé un grand avantage à m'interroger sur la raison pour laquelle je croyais en certaines choses. Parfois, j'ai découvert que je croyais en quelque chose sur la seule base que quelqu'un d'autre y croyait et me disait que c'était vrai. Cela s'est particulièrement manifesté durant mon enfance. J'ai pourtant permis à de telles croyances de dicter ma façon de vivre ma vie et de penser… jusqu'à ce que je me permette de les défier.

Pour être authentique, et en toute honnêteté, pour être heureux, je dois défaire mes croyances et conserver uniquement celles que je sais être vraies.

Sans presqu'aucune parole, les dix premières minutes du film *Là-Haut!* en disent plus que la plupart des films au complet.

Les enfants semblent comprendre tout naturellement que la voie du succès implique de dépasser ses échecs. Un bébé essaie de se retourner, puis de ramper, puis de se tenir debout et enfin de marcher, tout cela en dépit d'un nombre incalculable d'essais infructueux.

Dans ma vie, il m'est arrivé de perdre cet état d'esprit. J'ai oublié d'essayer de nouveau et de nouveau encore. J'ai eu peur de ce qui pouvait arriver si j'échouais. Et c'est exactement là la voie de l'échec. Ce n'est qu'en continuant d'essayer que je vais réussir.

Je n'ai pas choisi où j'allais naître ni dans quel milieu.

Je choisis cependant où je veux vivre et avec qui.

Aujourd'hui, je me suis assis et j'ai observé les animaux dans un zoo. Lorsqu'ils sont en cage ou dans un petit enclos, ils deviennent soit léthargiques et ne bougent presque plus, soit cinglés et ils font sans cesse les mêmes pas.

Leurs comportements découlent du manque de liberté. Cela anéantit leur instinct ou encore les conduit à la folie. Une ronde sans fin de comportements et de pensées. . .

J'ai alors réalisé qu'il en était de même pour les êtres humains. Sauf que nous sommes souvent les créateurs de nos propres cages. Nous les avons conçues, nous nous y sommes enfermés et nous y demeurons coincés, même si la porte de sortie est toujours ouverte.

C'est étonnant comment l'énergie fonctionne. J'ai visionné un excellent film de motivation, il y a quelques jours. J'y repense encore. Je sais, par expérience, que les effets secondaires d'un tel film auront un impact positif sur mes humeurs, mon état d'esprit, ma façon de penser... pour au moins toute une semaine, parfois plus.

Aujourd'hui, je me demande ce que serait ma vie si j'appliquais cette philosophie à l'énergie que j'autorise autour de moi à chaque jour. Qu'arriverait-il si je lisais une seule histoire inspirante sur internet chaque jour ? Si je visionnais une vidéo inspirante chaque soir avant d'aller au lit ? Si je regardais un film inspirant par semaine ?

Et si, du même coup, je me distançais des sources d'énergie négatives qui affectent mon état d'esprit ?

Est-ce que ces petits ajustements seraient suffisants pour transformer ma vie ? Je le crois. Je vais essayer et le découvrir.

Le monde offre tellement d'endroits merveilleux. Si je n'aime pas le lieu où je me trouve, je n'ai qu'à dénicher un autre endroit. Si j'ignore comment vivre dans un autre lieu, alors je dois commencer par voyager dans ce nouveau lieu. Mon esprit s'ouvrira à des possibilités inédites. Sous peu, l'inconnu deviendra connu. La nouveauté deviendra familière.

*J*e suis plus libre en choisissant mes activités et mes rôles. Une femme ne devrait pas cuisiner ou faire le ménage dans la maison simplement parce qu'elle est une femme. Un homme ne devrait pas construire ou réparer des trucs simplement parce qu'il est un homme.

Si j'aime cuisiner, alors je devrais cuisiner. Si j'aime bâtir, alors je devrais bâtir... sans égard aux rôles que d'autres ont joué avant moi.

« Chaque être est un génie. Mais si vous jugez un poisson par son habileté à grimper aux arbres, il passera toute sa vie à croire qu'il est stupide. »
— Albert Einstein

Comme j'aurais aimé lire et comprendre cette citation lorsque j'étais plus jeune. Mais, mieux vaut tard que jamais. Lorsque je me sens malheureusement hors de mon élément, je me rappelle que je suis peut-être un poisson qui essaie de grimper aux arbres.

Lorsque la vie semble perdre de son lustre, c'est souvent parce que je suis devenu la personne que les autres voulaient que je sois, et non la personne que je veux être.

Ce lustre peut être regagné. Il suffit que je retourne à mes cinq grands rêves de vie et à ma raison d'exister, et que je réaligne ma vie en fonction d'eux.

J'ai essayé d'autres options, comme étouffer le sentiment que fait naître une vie sans éclat. À la longue, ça ne fait qu'empirer les choses.

C'est incroyable et triste de voir combien de parents malheureux essaient d'amener leurs enfants heureux à rejoindre leur malheur.

*L'*un de mes défis récurrents est d'être trop concentré sur l'avenir, ce qui me fait manquer le plaisir, la joie, les aventures et toutes les autres belles choses du moment présent. Puis, 10 ans plus tard, en réfléchissant à ces moments, je me dis que j'aurais dû être plus présent, passer du temps à m'amuser et apprécier ce qui était là, dans ma vie, au lieu de toujours courir après d'éventuels victoires ou de m'inquiéter pour de possibles problèmes futurs.

Aujourd'hui, je vais apprécier le moment présent. Demain viendra bien de lui-même, comme il l'a toujours fait et comme il le fera toujours.

Lorsque je laisse la peur de l'échec m'empêcher de vivre la vie que je souhaite, je ne finis pas ma vie dans la sécurité. Je la finis dans l'échec.

Visiter un musée de sciences m'inspire à plusieurs niveaux. Il y a plein de sujets sur lesquels je ne connais rien, mais qui sont formidables.

Les cristaux qui se développent d'eux-mêmes en de merveilleuses et parfaites formes... des créatures au comportement si étrange qu'elles semblent sortir d'un film de science-fiction... Des planètes, des lunes et des étoiles si nombreuses que mon esprit ne peut le concevoir... Tout cela et bien d'autres choses encore sont là et attendent de m'inspirer.

Nous vivons sur une étonnante planète ! Il y a tant de choses à découvrir, à voir, à apprendre. Tout ce que j'ai à faire, c'est d'ouvrir mon esprit et de jeter un coup d'œil.

L'une des plus belles expériences dans la vie est de marcher pieds nus pendant un temps. Elle permet d'entrer en contact avec les textures de la vie par les pieds.

Je me sens ancré lorsque je le fais. Je me sens connecté d'une façon que je n'arrive pas à expliquer. Que ce soit à l'intérieur ou à l'extérieur, peu importe. Une combinaison des deux est encore mieux.

Je me souviens qu'enfants, nous portions nos chaussures à l'extérieur et à l'intérieur. C'était normal chez nous. Lorsque j'ai voyagé en Asie, beaucoup plus tard, j'ai appris qu'il était impoli de porter des chaussures à l'intérieur. Même dans un lieu public comme un musée, vous marchiez pieds nus. C'était leur normalité.

La vie consiste à choisir ma normalité...
et à marcher pieds nus.

La vie n'arrive pas par hasard. Elle
arrive par choix.

Je suis celui qui choisit.

Au lieu de souhaiter que ma vie ressemble à celle de quelqu'un d'autre, je devrais plutôt observer de quelle façon cet autre s'y est pris pour créer sa vie et m'en inspirer pour créer ma propre version de ma vie de rêve.

Cela exige un niveau de confiance en soi que je n'avais pas plus jeune. À l'époque, je regardais le succès des autres et j'y apportais mon jugement. J'essayais d'expliquer pourquoi c'était inéquitable, de justifier pourquoi je n'avais pas ce succès, ou que je ne pouvais pas l'avoir... ou que je n'en avais pas besoin.

Je créais des scénarios dans ma tête. Je me les répétais si souvent que je finissais par y croire. « Ces gens n'ont pas eu à travailler aussi dur que moi... Leur vie fut plus facile que la mienne... Tout leur a été donné...

Ils sont nés plus riches, plus grands, plus intelligents, d'une couleur différente... »

Même si certaines de ces excuses comportaient parfois un brin de vérité, la plus grande vérité était que tous ces jugements que je portais sur les autres ne constituaient que le reflet de mes démons intérieurs qui me desservaient.

Je peux réussir n'importe quoi. Je peux être n'importe qui.

Lorsque vous regardez le ciel par une belle nuit étoilée, vous n'arrivez à voir que 0,000 000 05 % des étoiles de notre galaxie. Et nous ne parlons que de notre galaxie ! Il y a au moins 125 milliards de galaxies dans l'Univers.

Si une présence bienveillante a pu créer tout cela, la manifestation de votre rêve est assurément dans la mesure de ses capacités. Demandez à être guidé et honorez ce que vous recevrez en suivant ce guide.

Je n'ai pas à connaître toutes les réponses. Une bonne dose de curiosité et la volonté de poser des questions me mènera suffisamment loin.

*M*on inconscient m'envoie toujours des indices pour vivre une vie merveilleuse. Je dois juste m'assurer d'enfoncer le bouton « silence ».

Parfois, c'est moi que je dois mettre en mode silence, afin de me connecter à ma petite voix intérieure, de préserver la ligne de communication avec mon inconscient et de sentir mon instinct me guider.

Parfois, ce sont tous les bruits autour de moi que je dois réduire au silence afin d'entendre mon inconscient.

*L*es petites choses sont souvent négligées. Pourtant, ce sont justement celles-là qui comptent le plus.

Lorsque je repense à mes souvenirs d'enfance préférés, ils concernent un jouet en particulier que j'adorais, ou alors un petit geste de mes parents ou une petite aventure qui m'interpellait.

Il y a tellement de pression culturelle de nos jours pour que les enfants connaissent le meilleur en tout. On leur impose le « bon » programme, à la « meilleure » école, on leur donne accès aux dernières et plus performantes technologies... Et cette pression s'exerce alors qu'ils sont de plus en plus jeunes.

Si cette recherche de la perfection se fait au détriment des petites choses de la vie, comme assister à la fête costumée de la maternelle de votre enfant, ça n'en vaut pas la peine.

Et les enfants et les parents perdent alors des occasions de voir les sourires les plus sincères et de créer les souvenirs les plus impérissables et qui auront le plus d'impact au final.

*L*orsque je ne suis pas certain de ce que je veux faire dans la vie, je dois au moins cesser de faire les choses que je ne veux pas faire, même si ce n'est que durant cinq minutes chaque jour.

La création de cet espace permettra aux bonnes choses de grandir et d'évoluer.

Ma vie aujourd'hui est le reflet de mes choix. Si je veux une vie différente, je dois faire des choix différents.

Parfois, ça m'apparaît difficile, hasardeux. Je crains de faire des choix différents car j'ignore ce qu'ils m'apporteront par la suite. Ma peur de l'inconnu est plus grande que la douleur associée à ma situation actuelle.

Toutefois, lorsque je me projette dans le futur, disons 5 semaines, 10 mois ou 20 ans, avec un cœur ouvert et en toute honnêteté, et que je regarde ce que sera le futur si je ne fais pas des choix différents, je trouve le courage d'agir.

Vivre ma mission de vie ne signifie pas que je doive y participer intensément à chaque instant.

La vie est une série de flux et de reflux. Les pauses et les instants de tranquillité font aussi partie de l'expérience, peu importe la mission de vie.

La façon dont je me définis exprime ce que je suis prêt à accepter dans la vie.

J'ai récemment rencontré un homme qui se définit comme un être colérique. Il disait vouloir être plus gentil avec son épouse, mais qu'il n'y arrivait pas car il était colérique de nature. Au moins deux fois par semaine, il criait après sa femme de façon incontrôlée. Les portes claquaient et les pleurs éclataient.

Je n'ai pu m'empêcher de penser qu'en se donnant l'étiquette de colérique, il justifiait ainsi son comportement. Il a créé un genre de prophétie qui le définissait et lui permettait certains comportements. S'il s'était défini comme le meilleur père au monde ou le mari le plus gentil, aurait-il continué à crier, à claquer des portes et à faire pleurer ses proches ?

Nous nous définissons tous de différentes façons, je crois. « Je suis gros », « Je suis timide », « Je suis pauvre », « Je suis stupide », « Je suis un raté »... Ce sont des options, rien de plus. Me définir ainsi me conduit sur des voies correspondantes.

D'un autre côté, il en sera de même pour des options plus positives, comme « Je suis un aventurier », « Je suis intelligent », « Je suis un athlète », « Je suis prospère »...

Puisque je dois choisir, aussi bien me définir par ces dernières options.

*P*lus je crois en ma propre valeur,
 plus j'inspire les autres à croire
en la leur. C'est ainsi que je change le
monde.

*A*ujourd'hui, j'ai amené ma fille de quatre ans à un parc d'amusement. Après avoir visité les lieux durant une heure, nous nous sommes assis à une terrasse pour profiter d'une pause et manger une collation.

La musique jouait, les gens riaient et flânaient ici et là. L'ambiance était très festive. Sur notre gauche se trouvait un immense bassin orné de fleurs et de plantes.

Soudain, deux canards se posèrent tout près de notre table. Ma fille était très enthousiaste car les canards ont marché directement vers nous avant de reprendre leur envol et de s'éloigner. Ma fille eut ainsi la chance de les admirer de près.

J'ai alors remarqué quelque chose qui me laissa songeur. Tandis que les canards s'éloignaient de nous en se dirigeant vers une autre table, l'homme assis à cette table s'agita nerveusement.

Même s'il mangeait, il s'est mis à gesticuler, agitant les bras et les pieds vers les canards, comme s'il leur disputait un territoire. Le manège dura pendant plusieurs minutes.

J'ai trouvé son comportement étrange. J'ai essayé de comprendre sa réaction. Avais-je manqué quelque chose ? Y avait-il un danger que je n'avais pas remarqué ?

Bien sûr, il s'agissait de canards sauvages, et tout était donc possible. Mais pour être franc, je n'ai jamais vu de documentaires sur la chaîne Discovery concernant des malards sauvages attaquant un humain directement à la jugulaire et le tuer, tout particulièrement dans un parc d'attractions !

Peut-être les canards auraient-ils pu picorer les pieds de l'homme, mais encore là, il portait des espadrilles, non des sandales. Avait-il peur d'être mordu ? Un incident durant son enfance où il aurait offert un peu de pain à des canards qui l'auraient finalement traumatisé ? Une inquiétude concernant les maladies potentiellement transportées par les oiseaux ?

Après tout, si Steve Irwin, le chasseur de crocodiles, a pu être tué lors d'un incident avec une raie, tout est possible, non ? Bien sûr, on parlait de canards, et non d'une raie !

La réponse m'a échappé. Et elle m'échappe encore. Ce qui m'est resté, cependant, ce sont les prises de conscience que les canards ont suscitées chez moi. La vie nous jette des « canards » sur notre chemin. Parfois, ce sont de vrais canards, parfois ce sont des gens qui nous dérangent. Certains sont des occasions en dehors de nos champs d'intérêt habituels. Certains sont des trucs intéressants. D'autres sont des tweets, des textos, des courriels, des pourriels, des titres aux bulletins de nouvelles, des commentaires... et un assortiment de plein d'autres « canards ».

Et lorsqu'ils nous arrivent, nous avons le choix. Nous pouvons leur accorder un bref coup d'œil, et si on les aime, leur consacrer plus de temps. Sinon, on les laisse tomber rapidement.

Ou nous pouvons choisir de nous laisser distraire par ceux que nous n'aimons pas, agitant nos pieds et nos mains et leur accordant beaucoup de temps et d'énergie.

La plupart des gens épanouis que je connais semblent choisir la première option, alors que les mécontents optent pour la seconde. Après, ces derniers se plaignent qu'ils manquent de temps pour les choses qu'ils aiment vraiment.

Cet homme au parc d'amusement m'a donné un cadeau. Il m'a rappelé d'observer mes réactions et d'éviter de perdre du temps et de l'énergie à essayer de repousser les « canards » indésirables de la vie.

Question : « Qu'est-ce qui vous surprend le plus ? »

Dalaï-lama : « L'homme. Il sacrifie sa santé pour gagner de l'argent, puis il sacrifie son argent pour récupérer la santé. Il est si anxieux au sujet de l'avenir qu'il ne savoure pas le moment présent. Comme résultat, il ne vit ni dans le présent ni dans le futur. Il vit comme s'il n'allait jamais mourir, et il meurt comme s'il n'avait jamais vécu. »

Je repense souvent à cette citation. Elle m'aide à me recentrer. Elle m'éloigne des menus détails de la vie quotidienne et m'amène à un endroit où je contemple mon existence dans une perspective beaucoup plus vaste.

Si les actions, les points de vue et les approches des gens autour de moi ne m'inspirent plus à atteindre de nouveaux sommets, il est temps pour moi de changer mon entourage.

Si personne ne veut faire partie de mon entourage, peut-être ai-je besoin de jeter un regard sur mes actions, mes points de vue et mes approches.

Il y a de ces jours où tout nous semble être une montagne infranchissable. Puis, nous entendons parler d'un ami qui vient de recevoir un diagnostic de maladie grave. Nos montagnes disparaissent.

Tout est une question de perspective.

Beaucoup de choses auxquelles j'ai accès me sont données uniquement parce que je suis né ici. Je n'ai rien fait pour mériter de tels privilèges. Et ceux qui sont nés ailleurs n'ont rien fait pour ne pas mériter ces privilèges. Je les ai reçus, d'autres, non.

Ces pensées me rendent humble. Elles me rappellent d'être reconnaissant. Et d'être bienveillant aussi.

Plus je passe de temps à regarder des accidents d'autos, plus grandes sont mes chances de subir un accident d'auto.

Les applications de ce concept sont infinies.

C'est étonnant à quel point l'attente de quelque chose que j'aime modifie mon énergie. Même si ce n'est que pour regarder une émission de télé favorite, la perspective de la regarder change mon regard sur la journée en question.

Et s'il y avait quelque chose de spécial à chaque jour de la semaine, quelque chose que j'espère et que j'attends avec enthousiasme ? Jouer au volleyball une journée, aller à la pêche, la suivante, regarder mon émission de télé favorite, écrire... Même si cette activité n'occupait qu'une heure par jour, elle m'apporterait la joie d'avoir hâte de m'y adonner.

C'est ce que je vais faire. Je vais m'assurer d'avoir une plage horaire libre dans mon agenda, spécialement pour m'adonner à une activité que j'aime et dont l'attente me rend fébrile. Et je n'utiliserai pas ces plages horaires pour d'autres choses, supposément plus importantes, que ces activités. Elles seront mes priorités pour la journée.

Certains jours, je n'ai pas le goût de me lever du lit. Probablement que cela changera dorénavant.

Qu'arriverait-il si le moi d'un futur éloigné de 30 ans me disait qu'il est bien vivant... maintenant ?

Lorsque les choses ne tournent pas comme je l'espérais ou qu'un événement désagréable survient, ma première réaction est d'être frustré, fâché, déçu. Mais c'est complètement inutile.

Il n'y a aucun avantage à se lamenter sur une situation ou de permettre à mon esprit d'en faire tout un drame. « Qui est à blâmer ? Pourquoi moi ? C'est trop injuste. »

Ce sont mes premières réactions. Toutes inutiles, car l'événement s'est produit. Il a changé ma réalité. La seule chose utile maintenant est de trouver comment composer avec cette nouvelle réalité et passer à l'action.

Je peux aussi m'accorder un temps de réflexion pour saisir le rôle que j'ai joué dans la situation. Ainsi, si je ne veux pas que la situation se répète, je saurai comment l'éviter.

Le but de mon existence n'est pas de « passer au travers de la journée ». Il est d'apprécier la journée. Cette perspective a transformé ma vie. D'une façon positive, elle me pousse à regarder mes décisions, mes activités et mes choix sous un angle nouveau.

J'ai procédé à une petite expérience récemment : contrôler le temps ! Les résultats ont été plutôt intéressants. Lorsque je suis en retard dans une tâche, au lieu de regarder constamment ma montre, je me concentre à faire de mon mieux pour avancer. Et je conserve une attitude positive par rapport à la situation. Je maintiens une respiration calme et douce en me répétant que tout va bien se passer.

Regarder constamment sa montre — ce que je faisais avant — n'est d'aucune utilité. Ça ne fait que créer de la frustration. Avec chaque minute que je voyais passer, je devenais de plus en plus irrité.

Depuis que j'ai adopté ma nouvelle approche, de bonnes choses sont survenues. La plupart du temps, je complète ce que j'ai à faire dans le temps prévu, même si ça semblait improbable au départ. Et lorsque parfois je suis vraiment en retard, comme pour un rendez-vous, il se produit quelque chose de particulier qui efface mon retard. Par exemple, une réunion peut avoir été reportée à plus tard, l'autre personne n'est pas encore arrivée... En plus, lorsque j'arrive, je ne suis pas frustré ni inquiet. Je suis calme.

J'ignore comment c'est possible. Et je sais que je dois faire ma part dans le processus. Je ne peux pas partir cinq minutes avant mon rendez-vous si je sais que j'ai un trajet de 45 minutes à faire pour m'y rendre. Je dois jouer correctement mon rôle pour que le processus fonctionne. Et lorsque je le fais, j'ai parfois l'impression de contrôler le temps.

Les grandes expériences de la vie sont toujours douces à notre mémoire. Les rêves non réalisés sont des souvenirs de plus en plus amers avec le temps.

Une plante sur le point de mourir reprend vie avec un peu de soin. Nous sommes comme les plantes. Et le soin requis est de donner un sens à notre vie. Nous abordons alors la vie différemment. Nous ne sommes plus un bâton jeté dans les eaux tumultueuses de la rivière et ballotté selon les courants.

À la place, nous devenons le capitaine de notre navire. Nous sommes libres. Nous pouvons regrouper toutes nos ressources vers la destination que nous choisissons. Notre vie a un but, une direction, une intensité, une passion.

Pourquoi suis-je ici ? Je vais me poser cette question jusqu'à ce que je trouve la réponse, parce que cette réponse est le but de ma vie.

Ma réalité actuelle n'est pas la clé déterminante de ma réalité future. Si quelque chose ne fonctionne pas, je peux le changer.

Il y a des millions de réalités dans l'univers. Lorsque je m'arrête un moment et que je sors de ma réalité suffisamment longtemps pour observer le monde autour de moi, je peux les voir.

Et j'ai le choix de celle que je veux vivre.

Lorsque je m'engage sur une voie en harmonie avec ma raison d'exister, les turbulences qui se trouvaient auparavant sur ma route se réalignent pour devenir une force directrice qui me mène plus loin.

La rapidité et l'énergie de ce réalignement sont en proportion directe avec la clarté et l'intensité de mes pensées et de mes actions.

Je dois m'engager. Je dois tracer une ligne sur le sable et dire : « Voilà où je m'en vais. Voici le moment du départ. » Je dois agir. Dire « je veux aller... » n'est pas la même chose que de commencer à marcher.

Je dois demeurer inflexible pour que rien ne m'éloigne de mon but. Inflexible dans mes pensées, dans mes actions, dans tout.

Sans cet engagement, l'Univers, Dieu ou quelque force que ce soit agissant en symbiose avec moi dans cette grande aventure, ne pourra m'aider. Et personne d'autre non plus.

Si je marche vers le nord pendant une minute, et que je reviens vers le sud, puis que je vais à l'est pour ensuite revenir à l'ouest, je vais me retrouver au même endroit, tout en étant incertain de chacune des directions. Comment quelqu'un pourrait-il m'aider avec un tel comportement ?

La valeur d'un bon conseil est directement proportionnelle à ma détermination à le mettre en pratique.

La plus grande peur n'est pas de mourir. C'est d'arriver à la fin de notre vie et de réaliser que nous n'avons pas vécu.

Ce ne sera pas mon cas. Je vais vivre la vie de mes rêves. La question n'est pas « Qui suis-je pour vivre ma vie de rêve ? », mais bien « Qui suis-je pour ne pas vivre ma vie de rêve ? »

A propos de l'auteur

À la suite d'un événement marquant qui a eu lieu lorsqu'il avait 33 ans, John se sentit inspiré et rédigea d'un trait l'histoire du Why Café. Il n'avait aucune formation ni aucune expérience d'auteur.

Un an après son lancement, le livre, soutenu par le bouche à oreille des lecteurs, fut distribué à travers le monde, inspirant des gens sur tous les continents, incluant l'Antarctique. Il devint un livre à succès et atteignit la première position des palmarès puis fut traduit dans plus de 25 langues.

Depuis, John a écrit d'autres livres : Le Safari de la vie, Les 5 Grands Rêves de Vie et le tout dernier, Le Retour au Why Café. Il a aussi coécrit Riche et Heureux.

Par son écriture et ses passages à des émissions de télé et de radio, John a inspiré des millions de personnes à vivre la vie à laquelle elles rêvent en leur proposant un message simple mais provocant. Il a été nommé l'une des sept personnalités les plus inspirantes dans les domaines du leadership et du développement personnel, aux côtés d'Oprah Winfrey, de Wayne Dyer et de Deepak Chopra. Son succès et la reconnaissance qu'il obtient l'étonnent encore et nourrissent son humilité.

Lorsqu'il n'écrit pas, il est souvent en voyage autour du monde avec sa famille.

Pour en savoir davantage sur John ou pour connaître ses disponibilités pour des conférences, vous êtes invité à visiter le www.whycafe.com.

Mes moments ah-ah !

_____

_____

_____

_____

_____

_____

_____

_____

_____

_____

_____

_____

_____